Renate Ettl

Sicher
Geländereiten

Renate Ettl

Sicher
Geländereiten

blv

BLV
Freizeit REITEN

Inhalt

● **Zum Thema**   **6**

● **Praxis-Wissen**   **8**

Zum Thema

Sicherheit im Gelände kann nur durch fundierte Ausbildung von Reiter und Pferd gewährleistet werden.

Anfänger und unsichere Reiter sollten in der Gruppe lernen.

Praxis-Wissen

Der Weg nach draußen

Freizeitspaß und Abenteuer

Der Ausritt in die freie Natur ist Traum und Ziel jedes Reitschülers. Aber auch für den Besitzer eigener Pferde steht das Geländereiten an vorderster Stelle. Die Geländereiterei hat in den letzten Jahren einen wahren Boom erlebt, nicht nur weil Reiten als Freizeitsport Hochkonjunktur hat, sondern auch weil sich die Sportreiterei von den Reithallen und -plätzen mehr und mehr ins Gelände verlagert.

Das Reiten im Gelände bedeutet Abwechslung, Spaß und Erholung für den stressgeplagten Büromenschen. Jeder Ausritt bringt neue Herausforderungen für Reiter und Pferd mit sich, deshalb sind nicht nur Spaß und Erholung, sondern auch Spannung garantiert. Vor allem im Gelände kommt dem Team Pferd und Reiter eine fundierte Ausbildung zugute, die die angestrebte Beziehung und Harmonie zwischen Mensch und Tier vollendet.

Große Aufgaben

Bevor das Reiten im Gelände zu einem wirklich schönen und entspannenden Erlebnis werden kann, muss viel trainiert werden. Die richtige Erziehung und Ausbildung des Pferdes, aber auch des Reiters stehen dabei an erster Stelle. Denn nur so sind Sicherheit von Pferd und Reiter gewährleistet. Darüber hinaus soll auch das Ausreitgelände erhalten bleiben. Durch eine vernünftige Einstellung zu Pferd und Umwelt, also eine fundierte Horsemanship, wird man Spaß am Geländereiten finden. Denn beim Reiten im Gelände sollen selbstverständlich nicht nur die Bedürfnisse des Reiters berücksichtigt werden, sondern auch die des Pferdes, der Mitmenschen und der Umwelt.

Ein Ritt ins Gelände ist der Traum jedes Reitschülers.

Welche Voraussetzungen müssen Reiter und Pferd erfüllen?

Eine fundierte Grundausbildung des Reiters muss dem ersten Ausritt vorausgehen, da im Gelände deutlich mehr Schwierigkeiten zu bewältigen sind als im Terrain einer umschlossenen Reitbahn. Auf jeden Fall sollte sichergestellt sein, dass der Reiter bereits sattelfest ist und sein Pferd in allen drei Grundgangarten unter Kontrolle hat.

Unter den Einflüssen im Gelände kommen die natürlichen Verhaltensweisen eines Pferdes stärker zum Tragen, deshalb ist es für den Reiter absolut notwendig, die Psyche des Pferdes und dessen Instinkte zu kennen. Der Reiter muss sich stets bewusst sein, dass er es mit einem lebenden Wesen und nicht mit einem Sportgerät zu tun hat. Deshalb muss er vor allem im Gelände mit unvorhergesehenen Reaktionen des Pferdes rechnen. Je besser der Reiter die individuellen Eigenarten seines Pferdes kennt, desto weniger wird er von dessen Reaktionen überrascht sein.

Das Fluchtver-
halten ist
ein natürlicher
Instinkt.

Die Instinkte des Pferdes

Auch das domestizierte Pferd verfügt noch über die angeborenen Instinkte seiner Vorfahren in der freien Wildbahn. Einer dieser Instinkte ist das Fluchtverhalten: Jedes Pferd reagiert auf eine vermeintliche Gefahr mit Fluchtverhalten, das unterschiedliche Ausprägung haben kann. Es wird immer versuchen, zu unbekannten oder schwer einschätzbaren Dingen eine Fluchtdistanz aufzubauen. Wird die Fluchtdistanz unterschritten und ist es dem Pferd nicht möglich, diesen Abstand kurzfristig wieder herzustellen, kommt es zu einer panikartigen Flucht.

Mit Angst einflößenden Dingen vertraut werden

Wird das Pferd im Gelände mit unbekannten Dingen oder Situationen konfrontiert, kann es leicht ängstlich reagieren. Deshalb sollte der Reiter dem Pferd die Angst nehmen, indem er es mit solchen zuweilen unausweichlichen Gegebenheiten bekannt macht. Der Reiter muss immer damit rechnen, dass das Pferd aus heiterem Himmel erschrickt und einen Satz zur Seite macht. Für einen unerfahrenen Reiter ist es dann nicht immer einfach, im Sattel sitzen zu bleiben.

!

Beachte:

Flucht- und Herdenverhalten sind natürliche Verhaltensweisen des Pferdes, die in der freien Natur deutlicher zum Vorschein kommen.

Man darf nicht den Fehler machen, das Pferd für solche Reaktionen zu bestrafen. Leider tun dies viele Reiter: Sie verurteilen das Flucht- oder Scheuverhalten des Pferdes als Gehorsamsverweigerung. Dabei handelt es sich aber fast immer um eine rein instinktive Reaktion des Pferdes, und eine Strafe ist nicht angemessen. Vielmehr muss sich der Reiter fragen, ob er einen wichtigen Ausbildungsschritt, das Gewöhnungstraining, vernachlässigt hat.

!

Beachte:

Auch bei einem erstklassig ausgebildeten, nervenstarken und ruhigen Pferd kann es passieren, dass es eines Tages scheut oder zu fliehen versucht. Seien Sie also ständig auf der Hut, damit Sie in solchen Situationen korrigierend eingreifen können.

Herdentrieb – Kontakt zu Artgenossen

Auch der Herdentrieb kann Pferd und Reiter beim Ausritt ins Gelände Probleme bereiten. Als Herdentier sucht das Pferd ständig Kontakt zu seinen Artgenossen, denn in ihrer Nähe fühlt es sich sicher und geborgen. Dieser Instinkt ist die Ursache für das »Kleben« eines Pferdes.

Der soziale Kontakt zu seinen Artgenossen ist wichtig für die ausgeglichene Psyche eines Pferdes. Doch das Tier kann und muss auch lernen, eine gewisse Zeit allein zu bleiben. Grundvoraussetzung dafür ist, dass es dem Reiter ein gewisses Maß an Vertrauen entgegenbringt.

Trotz Herdentrieb muss das Pferd unter der Kontrolle des Reiters bleiben.

Dieses Vertrauen entsteht, wenn Reiter und Pferd miteinander kommunizieren können. Deshalb muss jeder Reiter Äußerungen und Psyche seines Pferdes verstehen lernen, denn nur so ist eine Kommunikation zwischen beiden möglich. Mit der Zeit wird er dann die Ursachen für auftretende Probleme erkennen und beseitigen können.

Pferde – sensible Beobachter

Pferde verfügen über eine hervorragende Beobachtungsgabe. Sie verständigen sich untereinander über die Körpersprache und können selbst kleinste Zeichen deuten. Diese Beobachtungsgabe fehlt vielen Menschen, weil ihre Kommunikation in erster Linie verbal erfolgt. Doch gerade wenn Sie die Körpersprache der Pferde beobachten, lernen Sie viel über deren Stimmungen und Verhaltensweisen. Nehmen Sie sich einmal einige Stunden Zeit und beobachten Sie eine Herde auf der Weide: Es ist das pure Vergnügen! Die Sprache der Pferde ist so vielschichtig, und wenn Sie gelernt haben, sie zu deuten, werden Sie erstaunt feststellen, wie viele Signale ein Pferd aussendet.

Pferde haben eine ausgeprägte Körpersprache.

! Merke:

Pferde verfügen über eine hervorragende Beobachtungsgabe und verständigen sich in erster Linie mit Hilfe ihrer ausgeprägten Körpersprache.

Vorbereitung ist alles

Der Reiter sollte in jedem Fall »sattelfest« sein, bevor der erste Ritt ins Gelände stattfindet, denn Reiter und Pferd sehen sich dort mit Schwierigkeiten konfrontiert, die ihnen beim Reiten in der Bahn nicht begegnen. Im Gelände hindert kein umschlossenes Reitareal das Pferd an der Flucht, die Beschaffenheit der Wege ist hier unterschiedlich, und eine Begegnung mit anderen Verkehrsteilnehmern lässt sich kaum vermeiden. All dies macht verständlich, warum dem Ritt ins Gelände eine fundierte Ausbildung und Vorbereitung von Reiter und Pferd vorausgehen müssen. Nur so können unliebsame Überraschungen und Unfälle vermieden werden.

Allein oder in der Gruppe reiten?

Solange Sie noch unerfahren sind, sollten Sie Geländeritte nur in einer Gruppe unternehmen, denn die Pferde fühlen sich an der Seite ihrer Artgenossen sicher. Und im Falle eines Unfalls sind sofort Helfer zur Stelle. Wählen Sie für die ersten Ausritte ein ruhiges, souveränes und erfahrenes Geländepferd. Als absoluter Neuling lassen Sie Ihr Reitpferd am Führstrick mitführen.

Unerfahrene Reiter und Kinder sollten nur in der Gruppe ausreiten.

Beachte:

Streckenwahl, Reitdauer und Gangart müssen sich immer am schwächsten Mitglied der Gruppe orientieren.

Wie ein unerfahrener Reiter ein erfahrenes Pferd braucht, so sollten junge, unerfahrene Pferde im Gelände nur von guten Reitern und neben erfahrenen Pferden geritten werden. So werden sie an die verschiedensten Situationen im Gelände gewöhnt.

Allein sollten Sie nur ausreiten, wenn Sie und Ihr Pferd bereits sehr viel Erfahrung beim Geländereiten haben. Können Sie einmal keine Begleitung organisieren, hinterlassen Sie bei Ihrem Reitstall ein »Reiterbuch«. Darin vermerken Sie die geplante Wegstrecke, die voraussichtliche Reitdauer und den Zeitpunkt Ihres Abrittes. Sollte Ihnen etwas zustoßen, wissen die Freunde im Stall, wo sie suchen müssen. Wenn Sie mit dem Pferd nie allein ins Gelände gehen, ist es leicht möglich, dass sich das Tier zum Kleber entwickelt und seinen Artgenossen nicht mehr von der Seite weicht. In diesem Fall kann der Reiter die Kontrolle über sein Pferd verlieren. Entfernen Sie sich deshalb mit zunehmender Erfahrung immer wieder von der Gruppe oder reiten Sie kleine, überschaubare Runden allein.

Wer allein ausreitet, sollte am Stall über Reitweg und -dauer informieren.

Das A und O: eine sichere Ausrüstung

Sattel und Zäumung des Pferdes müssen den Anforderungen an Sicherheit ebenso entsprechen wie die Kleidung des Reiters. Verwenden Sie deshalb niemals Ausrüstungsgegenstände, die nicht mehr intakt sind und möglicherweise während des Ritts zu Bruch gehen könnten. Wenn beispielsweise ein Sattelgurt reißt, kann das fatale Folgen für den Reiter haben.

Neben der Sicherheit spielt natürlich auch die Bequemlichkeit eine große Rolle, sonst kann der Ausritt leicht zur Tortur werden. Sind Sattel oder Zaumzeug schlecht angepasst, können beim Pferd schmerzhafte Scheuer- und Druckstellen entstehen. Zu enge Reithosen oder zu kleines Schuhwerk wiederum verursachen dem Reiter Unbehagen. Reiter und Pferd verspannen sich, und die Feinabstimmung zwischen ihnen wird blockiert.

Die Zäumung richtet sich nach dem Ausbildungsstand von Reiter und Pferd.

Die richtige Zäumung

Bei der Auswahl der richtigen Zäumung sind viele Faktoren zu berücksichtigen: Sie richtet sich nach dem Ausbildungsstand von Pferd und Reiter, aber auch nach Reitweise und Temperament des Pferdes. Milde Zäumungen sollen zwar grundsätzlich bevorzugt werden, aus Sicherheitsgründen ist es aber auch nicht schlecht, wenn man eine Notbremse zur Verfügung hat.

15

Hebelarmgebiss (links); Trense (rechts).

Deshalb ist ein scharfes Gebiss nicht von vornherein zu verurteilen, denn jedes Gebiss und jede Zäumung sind nur so scharf wie die Hand des Reiters, die darauf einwirkt. Es ist also nicht in erster Linie die Auswahl der Zäumung entscheidend, sondern die Ausbildung des Reiters.

In jedem Fall ist die einfach oder doppelt gebrochene Wassertrense eine empfehlenswerte Allroundzäumung, die sich bei vielen Pferden bewährt hat. Sie bietet genug Sicherheit und lässt eine unmissverständliche Kommunikation zwischen Reiter und Pferd zu. Hebelarmgebisse, auch als Stangengebisse bekannt, gehören nur in die Hände erfahrener Reiter, denn sie erfordern eine besonders feinfühlige Hand und ein fortgeschritten ausgebildetes Pferd.

! Beachte:

Erst durch die harte Einwirkung der Reiterhand wird ein Gebiss »scharf«, deshalb können nur Reiter mit einer gut geschulten Hand weich einwirken. Hebelarmgebisse gehören nicht in Anfängerhände!

Der richtige Sattel

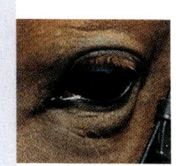

Ebenso wichtig wie die Zäumung ist ein gut sitzender Sattel. Leider sieht die Realität anders aus: Nicht einmal die Hälfte aller Sättel passt den Pferden tatsächlich. Dabei sollte die Passform das wichtigste Kriterium bei der Auswahl eines Sattels sein. Lassen Sie sich deshalb beim Kauf eines Sattels immer von einem erfahrenen Fachmann beraten.

Es gibt die unterschiedlichsten Ausführungen von Sätteln. Für den Ritt ins Gelände sind Trachtensättel zu empfehlen. Sie haben eine große Auflagefläche, die das Gesamtgewicht von Reiter und Sattel optimal auf dem Pferderücken verteilt. Vor allem längere Ritte wie Distanz- oder Wanderritte sind damit problemlos möglich. Die bekannteste und verbreitetste Form eines Trachtensattels ist der Westernsattel.

Die Reitkleidung – nicht nur Schmuck

Bei Turnieren ist die Reitkleidung gewissen Vorschriften unterworfen, die Kleidung des Geländereiters unterliegt jedoch keinerlei Zwängen. Allerdings sind bestimmte Sicherheitsstandards zu beachten. Grundsätzlich empfiehlt es sich, einen Sicherheitshelm zu tragen, dies gilt vor allem für Kinder, Jugendliche und unsichere Reiter. Gut sitzendes Schuhwerk trägt ebenfalls zur Sicherheit beim Reiten bei. Ideal für einen sicheren Halt im Steigbügel sind Stiefel, die einen leichten Absatz und eine rutschfeste Sohle haben.

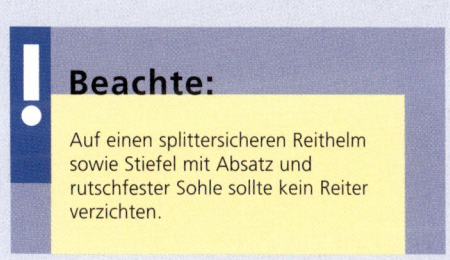

! Beachte:

Auf einen splittersicheren Reithelm sowie Stiefel mit Absatz und rutschfester Sohle sollte kein Reiter verzichten.

Der Reitstil

Auch in der Frage des Stils ist das Geländereiten keinerlei Zwängen unterworfen. Man wird im Gelände den Stil praktizieren, den man in der Bahn gelernt hat. Allerdings muss man dabei auf die besonderen Gegebenheiten im Gelände flexibel reagieren und seinen Stil entsprechend anpassen. Denn grundsätzlich unterscheiden sich die angestrebten Ziele beim Reiten in der Bahn von denen beim Geländereiten. Dies macht eine Anpassung des Reitstils notwendig.

Man muss den Reitstil den Gegebenheiten im Gelände anpassen.

Die Westernreitweise

Bei einem Ritt ins Gelände hat sich die Westernreitweise am besten bewährt, denn der Westernreitstil hat sich aus der Gebrauchsreiterei im Gelände entwickelt. Vor allem der klassische Dressur- und Springreiter muss darum seinen für die Reitbahn entwickelten Reitstil leicht abändern, um den Anforderungen im Gelände gerecht zu werden.

Bei der oft hügeligen und kurvigen Streckenführung im Gelände muss sich das Pferd gut ausbalancieren können. Eine lockere Zügelführung ist deshalb sinnvoll, denn der Hals dient dem Pferd dabei sozusagen als Balancierstange. Außerdem muss es Geländehindernisse genau betrachten können, um sich von der Ungefährlichkeit überzeugen zu können. Nicht zuletzt wünscht man sich einen fleißigen Schritt mit aktiv untertretender Hinterhand ohne einen verhaltenden Einfluss durch den Zügel.

Für den Reiter – vor allem wenn er auf einem längeren Geländeritt unterwegs ist – bedeutet es eine große Anstrengung, wenn er mit ständig treibenden Hilfen auf sein Pferd einwirken muss. Dies wird beispielsweise beim Dressurreiten praktiziert, wobei jeder einzelne Schritt quasi erneut herausgeritten wird. Beim Reiten im Gelände ist dies schwer durchzuhalten, wenn man mehrere Stunden unterwegs ist. Das Pferd sollte die jeweils vorgegebene Gangart daher von sich aus unterhalten. Die Westernreitweise ist deshalb ideal, weil sie genau darauf ausgelegt ist.

Egal, ob ein bestimmter Reitstil nun besonders geeignet ist oder nicht – welchen er wählt, ist letztendlich die Entscheidung jedes einzelnen Reiters. Der Stil steht nämlich nicht so sehr im Vordergrund, sondern stets die pferdegerechte Behandlung und Reitweise. Pferdegerecht kann dabei jeder Stil sein, wenn er richtig ausgeführt wird. Werden aber Fehler gemacht, kann jeder Reitstil auch zur Tierquälerei werden.

!

Merke:

Gutes Reiten ist weniger eine Frage des Stils, als vielmehr des partnerschaftlichen Verhaltens gegenüber dem Pferd!

Die Westernreitweise einet sich für Geländeritte.

Verhalten im Gelände

Beim Reiten im Gelände gilt es bestimmte Regeln zu beachten, damit andere Erholungssuchende sich nicht gestört fühlen. Leider wissen nur wenige Reiter, welche Rechte und Pflichten sie haben. Dies führt dann immer wieder zu Konfrontationen. Dabei sollte es eine Selbstverständlichkeit sein, dass ein Reiter Vorschriften und Gesetze, die seinen Sport betreffen, kennt und sie auch einhält.

Auf der Straße

Auf der Straße gilt Rechtsreitgebot.

Auf der Straße gilt das Rechtsreitgebot. Bleiben Sie mit Ihrem Pferd immer am äußersten Rand der rechten Fahrbahnseite. Vorhandene Geh- oder Radwege sind ausschließlich Radfahrern oder Fußgängern vorbehalten. Verkehrsschilder und Ampeln haben für den Reiter dieselbe Gültigkeit wie für Fahrzeuglenker. Wenn Sie mit Ihrem Pferd abbiegen möchten, müssen Sie deutliche Handzeichen geben. Sind Sie bei Dämmerung, Nebel oder nachts unterwegs, ist eine ausreichende Beleuchtung (Stiefellampe) Vorschrift. Für Ihre Sicherheit sind bei

Nachtritten auch Reflexgamaschen und -westen empfehlenswert.

Wege mit dem Reitverbotsschild (rundes Schild mit rotem Rand, schwarzer Reiter auf weißem Grund) sind für Reiter tabu. Wenn Sie den Weg trotzdem benutzen möchten, steigen Sie ab und führen Ihr Pferd am Zügel, das ist gestattet. Ein blaues Schild mit einem weißen Reiter bedeutet, dass dieser Weg nur Reitern vorbehalten ist. Andere Verkehrsteilnehmer dürfen ihn nicht benutzen.

Selbstverständlich ist das Reiten abseits von Wegen nicht erlaubt, weder im Wald noch auf dem Feld. Lediglich über abgemähte Wiesen und nicht bewirtschaftete Felder dürfen Sie reiten, doch sollten Sie auch das besser nicht ohne Einverständnis des Besitzers tun. Meiden Sie in jedem Fall Staudämme, auf ihnen darf nicht geritten werden.

Reitverbot: absteigen und das Pferd führen.

Neben den allgemeinen Bestimmungen gibt es noch viele zusätzliche Vorschriften, die in den verschiedenen Bundesländern sehr unterschiedlich sein können. Jeder Reiter sollte sich vor Ort über die speziellen Bestimmungen für sein Ausreitgebiet informieren.

Üben Sie Rücksicht

Dem Aufstellen von Reitverbotsschildern ist in den meisten Fällen entweder ein Konflikt mit anderen Wegbenutzern oder die Zerstörung des Weges durch

Rücksichtsvolles Verhalten schafft neue Freunde und Akzeptanz.

Pferdehufe vorausgegangen. Häufig ist der Reiter also selbst schuld, wenn Reitverbote ausgesprochen werden. Rücksichtsvolles Verhalten ist der beste Garant für die Erhaltung von Wegen, die für alle Reiter offen sind.

Das Verhalten des Reiters im Gelände muss grundsätzlich von Rücksichtnahme geprägt sein. Die meisten Mitmenschen haben in der Regel keinen Umgang mit Pferden, deshalb reagieren sie ängstlich oder unsicher, wenn sie auf Reiter und Pferd treffen.

Angst und Unsicherheit werden schnell zur Aggression, wenn Reiter und Pferd an Fußgängern oder Radfahrern rücksichtslos vorbeigaloppieren. Bei einem derart rüden Verhalten muss man sich nicht wundern, wenn Reiter bei manchen Menschen auf Unsicherheit oder sogar Ablehnung stoßen. Ich kann deshalb nur an Sie appellieren: Seien Sie verständnisvoll und verurteilen Sie die ablehnende Haltung dieser Menschen nicht. Versuchen Sie selbst, sich vorbildlich zu verhalten, so können Sie bestehende Vorurteile und Ressentiments am besten aus dem Weg räumen.

!

Merke:

Rücksichtnahme, Vorsicht und Fairness gegenüber Mensch und Tier sind die wichtigsten Tugenden des Geländereiters.

Vorurteile in der Gesellschaft

Man sollte meinen, dass sich mit der Wandlung des Reitsports vom auserlesenen Gesellschafts- zum Breitensport auch das Bild des Reiters in der Öffentlichkeit geändert haben müsste. Doch eingefahrenes, traditionelles Denken lässt sich nur langsam verändern. Deshalb glauben viele Menschen immer noch, dass Reiter zu den »oberen Zehntausend« gehören.

Das Bild des Reiters in der Gesellschaft kann kaum verbessert werden, solange negative Vorfälle wie das Barren oder mörderische Hindernisrennen weiterhin akzeptiert werden. Wie in anderen Lebensbereichen, so wird auch im Reitsport häufig von einem auf alle geschlossen. Vorbildfunktion haben immer jene, die in der Öffentlichkeit live oder durch die Medien präsentiert werden. Der Pferdelaie kann pferdefreundliches Verhalten nicht immer von tierquälerischen Aktionen unterscheiden. Ebenso wenig kann er gutes und schlechtes Reiten differenzieren. Deshalb wird auch das Ansehen des Freizeit- und Geländereiters negativ beeinflusst, wenn ein bekannter Turnierreiter beim Barren erwischt wird. Schließlich sind die erfolgreichen Sportler Vorbilder, denen hauptsächlich die Jugend nacheifert. Wenn das Barren schließlich nur noch »Touchieren« heißt und als Bagatelle abgetan wird, kann der Tierliebhaber nur noch den Kopf schütteln.

Erfolgreiche Sportler haben in der Öffentlichkeit eine Vorbildfunktion.

Mit Freundlichkeit gegen Ressentiments

Es ist nicht einfach, eine einmal festgefahrene Einschätzung zu relativieren oder eine fruchtbare Aufklärung zu betreiben. Trotzdem kann eine kleine Freundlichkeit schon die Gesinnung ändern. Für den Reiter bedeutet dies, Spaziergänger oder Radfahrer freundlich zu grüßen, denen er im Gelände begegnet (und an denen er ausschließlich im Schritt vorbeireitet).

Ein freundlicher Gruß ist häufig der Beginn eines weiterführendes Gesprächs, bei dem man die Gelegenheit hat, so manches Vorurteil aus dem Weg zu räumen. Nutzen Sie die Situation zu erklären, dass Pferde weder aggressive noch gefährliche Tiere sind, dass sie nicht angreifen oder zubeißen, sondern vor unbekannten Dingen lieber davonlaufen. Anfängliche Unsicherheit und Angst können so vermindert werden und sogar in Sympathie umschlagen, wenn Sie dann auch noch den Namen des lieben Pferdes verraten und die Erlaubnis geben, es zu streicheln.

Gespräche für mehr Verständnis

Überhaupt ist das Gespräch mit Menschen, denen man auf einem Ausritt begegnet, das beste Mittel, um Missverständnissen vorzubeugen. Nur durch ein paar aufklärende (aber nicht belehrende) Worte wird Pferdeunkundigen klar, dass es völlig unnötig ist, beim Anblick eines Pferdes gleich ins nächste Feld zu hüpfen, um vor den Hufschlägen sicher zu sein. Umgekehrt kann man andere Verkehrsteilnehmer bei einer zwanglosen Unterhaltung darauf hinweisen, dass Pferde sehr schreckhaft sind und es deshalb schön wäre, wenn sie an den Tieren nicht mit lautem Motorengeheul vorbeirauschen. Nicht selten begegnet man auch Kindern, die mit ihren Eltern vielleicht auf einem Sonntagsspaziergang unterwegs sind. Sie freuen sich ganz besonders, wenn sie ein Pferd streicheln dürfen. Wenn man einige nette Worte mit den Eltern

wechselt und den pferdebegeisterten Kindern verspricht, dass sie einen im Stall besuchen und beim Pferdeputzen helfen dürfen, hat man schnell neue Freunde gefunden. Bleiben Sie während eines Gesprächs nicht im Sattel sitzen – das wäre unhöflich –, sondern »steigen Sie von Ihrem hohen Ross herunter«. Ihr Pferd muss allerdings gut geschult sein und gehorsam und ruhig ste-

Der Kontakt zu Landwirten kann von Vorteil sein.

hen bleiben, während Sie sich unterhalten. Wenn es ständig herumzappelt und nervös tänzelt, wird Ihr Gesprächspartner dadurch verunsichert.

Suchen Sie ruhig auch den Kontakt zu Landwirten in der Umgebung des Reitstalls. Unter Umständen finden Sie so ganz nebenbei einen zuverlässigen und günstigen Heu- und Strohlieferanten. Wenn der Bauer Sie und Ihr Pferd erst einmal kennt, wird er sicherlich auch ein Auge zudrücken, sollte das Pferd einmal versehentlich einen Sprung ins frisch angesäte Feld tun.

Wer häufig im Wald reitet, sollte sich um die Bekanntschaft des Jägers oder Försters bemühen. Gerade im Wald gibt es häufig Konfliktsituationen. Diese entstehen hauptsächlich deshalb, weil jeder Waldbenutzer – ob Reiter, Jäger, Förster oder Spaziergänger – andere Interessen verfolgt.

Beachte:

Freundliche, aufklärende Gespräche können so manches Missverständnis aus dem Weg räumen.

Was tun, wenn das Pferd mal muss?

Ein Reiter sollte sich stets so benehmen, dass sich andere Straßen- und Wegbenutzer nicht beeinträchtigt fühlen. Rücksichtsvolles Verhalten ist also oberstes Gebot. Nun kann man nicht immer völlig unauffällig bleiben. Zum Beispiel dann, wenn das liebe Tier mal »muss«. Pferdeäpfel sind kaum zu übersehende Hinweise für Ihre Präsenz. Schlimm ist nicht nur, dass sie Anwohner verärgern, sondern auch andere Verkehrsteilnehmer gefährden können. Denn Pferdeäpfel auf der Straße stellen eine nicht zu unterschätzende Gefahr für Rad- und Motorradfahrer dar.

Pferdeäpfel können für Zweiradfahrer gefährlich sein.

Gerade in einer Kurve kann ein Zweiradfahrer auf dem Mist ausrutschen und stürzen. Sorgen Sie deshalb dafür, dass die Hinterlassenschaften Ihres Pferdes nicht auf der Straße liegen bleiben. Es genügt, wenn Sie absteigen und den Haufen mit den Stiefeln in den Rinnstein, an den Straßenrand, unter ein Gebüsch oder in den Graben schieben. Besser wäre es natürlich, wenn Sie den Mist nach dem Ausritt mit Eimer und Schaufel auflesen.

Schieben Sie den Mist mit dem Stiefel zur Seite.

Umweltschutz

Vernünftiges Verhalten bedeutet für den Reiter nicht nur das freundliche und rücksichtsvolle Auftreten gegenüber anderen Menschen, sondern auch gegenüber der Natur und den Tieren. Als Pferdeliebhaber sollte man anderen Tieren dieselbe Wertschätzung entgegenbringen wie seinem Pferd.

Der naturnahe Lebensraum wird für Wildtiere unaufhörlich enger, so dass sie immer häufiger mit der Zivilisation konfrontiert werden. Ungestörte Naturinseln findet man zunehmend seltener, denn auch der Mensch, also auch der Reiter, sucht Entspannung und Erholung in der freien Natur. Dies bedeutet aber Stress für die Wildtiere, die dort ihren Lebensraum haben. Ein verantwortungsbewusster Reiter wird deshalb auch in Wald und Feld rücksichtsvolles Verhalten an den Tag legen, um die Tiere möglichst nicht zu stören. Im Frühjahr, wenn die Jungtiere geboren werden, ist auf Wildtiere besondere Rücksicht zu nehmen.

Rücksichtnahme gegenüber der Natur und den Tieren sollte aber auch Schutz des Lebensraumes anderer Tiere wie

 **Unbedingt vermeiden!**

Galoppieren Sie niemals direkt auf eine am Waldrand äsende Gruppe von Rehen zu, weil Sie die scheuen Waldtiere dadurch zur Flucht veranlassen.

Ein Gruppen-
galopp über
aufgeweichte
Wege kann
großen Schaden
anrichten.

beispielsweise Vögel und Insekten umfassen. An den Uferstreifen von Wei-
hern, Flüssen und Seen haben viele Wasservögel ihre Nistplätze. Bleiben Sie
in entsprechender Entfernung, damit Sie die Vögel beim Vorbeireiten nicht
aufschrecken. Vor allem während der Brutzeit im Frühjahr sollten Sie solche
Wege möglichst meiden oder dort wenigstens nur im ruhigen Schritt reiten.
Nicht zuletzt bedeutet Rücksichtnahme gegenüber der Natur aber auch, dass
man keine Ameisenhaufen überreitet oder mutwillig Pflanzen zerstört.

Die Witterungsverhältnisse beachten

Es kostet einen Reiter sehr viel Überwindung, Wege freiwillig zu meiden, die er normalerweise ohne Einschränkung benutzen darf, denn es gibt wenig schöne Reitwege. Doch kann es unter gewissen Umständen sinnvoll und für den Reiter selbst nützlich sein, bestimmte Wege zu meiden.

Wird ein unbefestigter Weg beispielsweise bei nasser Witterung übermäßig beritten, kann dadurch großer

Unbedingt vermeiden!

Auf durchnässten Wegen niemals in einer großen Gruppe im Galopp reiten.

Schaden entstehen. Je mehr Reiter dieselbe Strecke reiten oder je öfter ein Weg benutzt wird, desto stärker wird er in Mitleidenschaft gezogen. Dabei spielt auch die Gangart eine nicht zu unterschätzende Rolle. Vor allem Wald- und Wiesenwege sind nach einem Regentag stark aufgeweicht. Wenn nun eine Gruppe von etwa 20 Reitern über einen dieser Wege galoppiert, würde er nur noch einem Acker gleichen. Kein Fußgänger und kein Radfahrer könnte diesen Weg mehr benutzen. Damit ist der Ärger schon vorprogrammiert. Man muss sich nicht wundern, wenn deshalb mehr und mehr Wege mit einem Reitverbot belegt werden. Letztendlich wird durch rücksichtsloses Verhalten nur noch das Reiten auf harten, aufgeschotterten oder asphaltierten Wegen erlaubt sein, die eine schnelle Gangart nicht mehr zulassen. Und wer möchte schon gerne immer nur am Straßenrand im Schritt reiten?

Sei fair zum Pferd

Richtiges Verhalten beinhaltet auch den korrekten und fairen Umgang mit dem Pferd. Fairness bedeutet, dass man die Bedürfnisse seines Pferdes kennt und es entsprechend erzieht. Leider verstehen die meisten Pferdebesitzer ihre Tiere nicht und können sie deshalb auch nicht richtig erziehen. Zugegebenermaßen ist die Erziehung eines Pferdes auch kein leichtes Unterfangen, denn es gibt keine Patentrezepte: Jedes Pferd ist ein Individuum und muss entsprechend behandelt werden. Der erste Schritt zu fairem Verhalten ist also, das Pferd zu verstehen und mit ihm zu kommunizieren.

Lob ist in der Ausbildung wichtiger als Strafe.

Grundsätzlich erfordert die Erziehung eines Pferdes stets ein ausgeglichenes Verhältnis von Strafe und Lob. Fehlt das notwendige Maß an Strafen, lernt das Pferd, ungehorsam zu sein, und gewöhnt sich allerlei Untugenden an. Ein Pferd aber, das übermäßig bestraft und kaum gelobt wird, ist nur in den seltensten Fällen zur Mitarbeit bereit. Diese Pferde gehorchen meist nur aus Angst vor Sanktionen und können mit dem Reiter nie ein harmonisches Team bilden.

Es lässt sich nicht pauschal sagen, in welchem prozentualen Verhältnis Strafe und Lob zueinander stehen sollten. Darüber muss das Einfühlungsvermögen des Ausbilders entscheiden. Ein stures, monotones Tier verträgt eventuell ein höheres Strafmaß als ein sensibles, aufgewecktes Pferd.

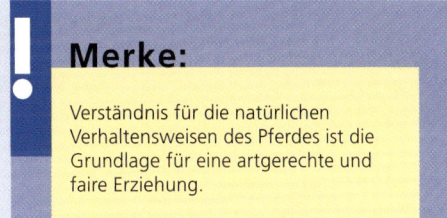

Merke:

Verständnis für die natürlichen Verhaltensweisen des Pferdes ist die Grundlage für eine artgerechte und faire Erziehung.

Als Faustregel kann man sich merken, dass man mit zehn Prozent Strafe und 90 Prozent Lob auf einem guten Weg ist. Wie beim Menschen, so ist auch beim Pferd das Lob erzieherisch wesentlich wertvoller als die Strafe. Lieber lobt man ein Pferd unverdienterweise einmal zu viel, als dass man es einmal zu oft bestraft.

Lob und Tadel im richtigen Augenblick

Damit sie erzieherisch wirksam werden, müssen Lob und Strafe im richtigen Moment eingesetzt werden. Eine Strafe ist immer dann angebracht, wenn sich das Pferd mutwillig widersetzt. Bewusster Ungehorsam ist allerdings nicht immer einfach zu erkennen. Erst wenn klar ist, dass sich das Pferd nicht aus Angst, Unverständnis oder wegen körperlicher Probleme weigert, den gegebenen Befehl auszu-

Unsicherheit und Angst des Pferdes nicht bestrafen!

führen, ist eine Strafe angebracht. Die Strafe muss dann unmittelbar nach der Gehorsamsverweigerung erfolgen, damit das Pferd einen direkten Zusammenhang mit der Bestrafung erkennen kann. Nur dann hat eine Strafe Sinn und einen erzieherischen Wert. Eine Strafe kann ein kräftiger Schlag mit der Gerte sein, eine Verstärkung der Hilfe oder aber auch nur das Anheben der Stimme. Je nach Gemüt und Temperament des Pferdes muss die Strafe korrekt dosiert werden.

Strafen oder korrigieren?

Sind Sie unsicher, ob eine Strafe angebracht ist oder nicht, verzichten Sie lieber ganz auf eine Maßregelung. Stattdessen ignorieren oder korrigieren Sie den Fehler des Pferdes. So genannte »echte« Fehler werden vom Pferd unbeabsichtigt begangen und dürfen nicht bestraft werden. Sie entstehen dann, wenn das Pferd körperlich oder geistig noch nicht in der Lage ist, der Forderung des Reiters nachzukommen. In diesem Fall benötigt das Pferd mehr Unterstützung in Form von weiterführenden Hilfen, die es dem Tier ermöglichen, den Reiter zu verstehen und die Aufgabe auszuführen. Derartige Fehler werden immer korrigiert, aber niemals bestraft.

Lob – Streicheleinheiten für die Seele

Sehr wichtig bei der Erziehung eines Pferdes ist der Einsatz von Lob. Lobende Worte und Streicheleinheiten animieren das Pferd, sich mehr anzustrengen und verstärken seinen Spaß an der Arbeit. Jede Kleinigkeit, die ein Pferd gut gemacht hat – auch wenn sie schon als Selbstverständlichkeit angesehen werden kann – sollte von einem Lob begleitet werden. Eine kleine Anerkennung bestätigt dem Pferd, dass es richtig gehandelt hat, und wird es noch stärker motivieren, dem Willen seines Reiters gerecht zu werden. Denn durch ein Lob wird das Pferd zur aktiven Mitarbeit aufgefordert. Aus diesem Grund ist es in der Pferdeausbildung und -erziehung unentbehrlich, um nicht zu sagen das wichtigste Erziehungsinstrument überhaupt.

Der Reiter bestimmt die Gangart

Die Wahl der Gangart gehört zu den elementarsten Grundlagen des Reitens. Wenn es dem Reiter nicht gelingt, die gewünschte Gangart durchzusetzen, hat er keinerlei Kontrolle über das Pferd, was aber gerade beim Reiten im Gelände für die Sicherheit notwendig ist. Es kann schlimme Folgen haben, wenn Sie aus falsch verstandenem Kooperationswillen das Pferd die Gangart bestimmen lassen.

Dem Pferd muss absolut klar sein, dass es sich bei der Wahl der Gangart den Wünschen des Reiters unterzuordnen hat. Dafür darf es auf der Weide laufen und rennen, wie es möchte. Von Natur aus ordnen sich Pferde grundsätzlich gerne unter und empfinden die Alphaposition des Menschen keineswegs als unangenehm. Handelt der Reiter jedoch nicht konsequent, wird das Pferd geradezu aufgefordert, sich gegen den Reiter aufzulehnen.

Nur der Reiter bestimmt die Gangart im Gelände.

33

Unbedingt vermeiden!

Stellen Sie niemals ein verschwitztes Pferd in den Stall. Wenn es während des Rittes ins Schwitzen gekommen ist, muss es so lange im Schritt bewegt werden, bis das Fell wieder trocken ist.

Das Tempo festlegen

Bei der weiterführenden Ausbildung des Pferdes wird der Reiter auch das Tempo innerhalb einer Gangart bestimmen. Schließlich kann das Pferd langsam oder schnell traben sowie einen verhaltenen oder fleißigen Schritt anbieten. Je exakter der Reiter die Gangarten und die Geschwindigkeiten innerhalb einer Gangart bestimmen kann, desto besser hat er das Pferd unter Kontrolle. Die Temporegulierung ist deshalb eine gute Möglichkeit, die Kontrollfähigkeit des Pferdes zu überprüfen.

Jeder Ritt beginnt und endet mit einer mindestens zehnminütigen Schrittphase. Auch wenn der Reiter die Gangart bestimmt, ist dies kein willkürlicher Akt, sondern muss wohl überlegt sein. Dabei gibt es einige grundsätzliche Regelungen: Die ersten zehn Minuten eines Rittes werden im Schritt geritten, damit die Muskulatur des Pferdes gelockert und langsam aufgewärmt wird. Auch die letzten zehn Minuten vor Erreichen des Stalles werden im Schritt zurückgelegt, damit das Pferd langsam abkühlen kann.

Die letzten zehn Minuten eines Ausritts werden im Schritt geritten.

Die Beschaffenheit der Wege beachten

Die Wahl der Gangart hängt wesentlich von der Wegbeschaffenheit ab. Generell sollte nur auf weichen (aber nicht vom Regen aufgeweichten) Wegen galoppiert werden, während man auf harten Wegen im Schritt reitet.

Wiesenwege laden förmlich zu einem ausgedehnten Galopp ein. Dennoch sollten Sie auf solchen Wegen nicht immer galoppieren. Das Pferd gewöhnt sich daran, sprintet ohne Aufforderung los, sobald Sie auf die Galoppstrecke einschwenken – und gerät womöglich außer Kontrolle. Variieren Sie deshalb die Gangarten.

Mach mal Pause!

Legen Sie bei einem Ausritt mindestens 85 Prozent der Gesamtstrecke im Schritt zurück, zehn Prozent sind den Trabetappen und fünf Prozent dem Galopp vorbehalten. Der Schritt ist die wichtigste Gangart des Geländepferdes. Er sollte fleißig und weit ausgreifend sein. Legen Sie auf längeren Ritten immer Pausen ein, in denen das Pferd verschnaufen und fressen kann. Nach ein bis zwei Stunden im Sattel ist es an der Zeit, für 15 Minuten abzusteigen und dem Tier eine Pause zu gönnen. Dabei entfernt man möglichst das Gebiss sowie das Reithalfter (wenn vorhanden).

Manchmal kann es sinnvoll sein, das Pferd zehn Minuten zu führen, um es zu schonen. Abgestiegen wird grundsätzlich bei längeren Steigungen oder steilen Abhängen.

Nach ein bis zwei Stunden Ritt tut eine Pause gut.

35

Hindernisse im Gelände

Es ist ein weit verbreiteter Irrtum, dass Geländepferde keine besondere Ausbildung benötigen, weil sie ja »nur« im Gelände geritten werden. Das Gegenteil ist der Fall. Wie kein anderes Pferd muss der Reiter das Geländepferd unter Kontrolle haben, um Unfälle zu vermeiden. Und in keiner Reitbahn oder -halle ist das Pferd ähnlich gefordert wie beim Reiten im Gelände. Im Gelände sind Reiter und Pferd unkalkulierbaren Situationen ausgesetzt. Dem Geländepferd wird deshalb sehr viel abverlangt. Nur eine fundierte Ausbildung ermöglicht es Pferd und Reiter, alle Gefahren souverän zu meistern und die unterschiedlichsten Hindernisse zu überwinden.

Eine gründliche Ausbildung des Pferdes minimiert die Unfallgefahr.

Brücken überqueren

Sind Bäche, Flüsse, Autobahnen oder die Eisenbahn zu überqueren, führt der einzige Weg oftmals über eine Brücke. Über größere Flüsse und Autobahnen werden Brücken gebaut, die in erster Linie von Autos befahren werden können. Die Gefahr für den Reiter besteht darin, dass er auf einer solchen Brücke kaum Möglichkeiten hat auszuweichen, wenn ein Fahrzeug zu nahe an ihn herankommt und das Pferd nervös wird. Deshalb muss das

Pferd verkehrssicher genug sein, damit es nicht gleich beim ersten Laster in Panik gerät. Am sichersten ist es jedoch, Straßenbrücken niemals allein, sondern stets innerhalb einer Gruppe von Reitern zu überqueren, denn hier fühlt sich das Pferd durch die Herde geschützt.

Abseits von größeren Verbindungsstraßen trifft der Reiter auf Brücken, die über kleine Bäche oder Gräben führen. Diese Brücken sind zumeist recht schmal und verbinden Fußwege, Pfade oder Wirtschaftswege miteinander. In der Regel baut man solche Brücken aus Holz, damit sie sich schöner in die Landschaft einfügen.

Die Überquerung von Brücken ist eine willkommene Abwechslung für Reiter und Pferd und erhöht das Reitvergnügen. Vorausgesetzt, das Pferd zeigt Vertrauen zum Reiter und hat gelernt, das Hindernis souverän zu bewältigen.

Vertrauen ist immer die Voraussetzung, um Hindernisse zu überwinden.

Das Pferd braucht viel Vertrauen zum Reiter, um über eine Holzbrücke zu gehen.

Beachte:

Um Unfälle zu vermeiden, sollten Sie Holzbrücken an Regentagen nicht überqueren und beschädigte Brücken ganz meiden.

Manchmal schreckt das Pferd vor dem dumpfen Hall der Holzplanken zurück, wenn es mit seinen Hufen auffußt, oder es scheut vor dem glitzernden Wasser, das unter der Brücke hindurchfließt.

Am besten ist es in einer solchen Situation, das Pferd an der Hand über die Brücke zu führen. Das gilt im Prinzip für alle Hindernisse, bei denen das Pferd der Mut verlässt. Meistens hat man damit Erfolg. Ist das Tier dreimal erfolgreich über die Brücke geführt worden, kann man es nun auch vom Sattel aus probieren. Weigert sich das Pferd an der Hand, einen Huf auf die Planken zu setzen, kann man es zunächst mit einem Reitkameraden versuchen, der voranreitet und dessen Pferd mehr Mut besitzt. Fast immer lockt der Herdentrieb das ängstliche Pferd auf die Brücke.

Bevor Brücken überritten werden, sollte man sich in jedem Fall erst einmal vergewissern, dass der Boden fest und sicher ist. Nach Regentagen sollten Sie hölzerne Brücken besser meiden, weil die Planken durch die Nässe glitschig werden und das Pferd ausgleiten könnte. Möglicherweise haben sich auch Planken gelockert oder fehlen ganz. In diesem Fall sollte man auf das Überqueren der Brücke ganz verzichten.

Es gibt nichts schöneres, als durch einen seichten Bach zu reiten.

Einen Bach durchreiten

Gibt es ein größeres Vergnügen, als einen seichten Bach zu durchqueren, der sich durch unberührte Natur schlängelt? Hier, abseits vom Straßenlärm, nur begleitet vom sanften Murmeln des Wassers, kann man die Natur hautnah erfahren. Das Pferd kann im Wasser seine Beine kühlen und darf auch ruhig mal einen tüchtigen Schluck nehmen. Aber wo Schönheit und Unberührtheit sich paaren, lauert auch Gefahr: Die Wasseroberfläche ist unruhig und spiegelt. Das Pferd kann den Untergrund nicht sehen. Es weiß nicht, wie tief der Bach ist und welche Stolpersteine darin lauern. Wenn Sie Glück haben, geht das Pferd mutig durch das nasse Element. Es kann aber auch bockig stehen bleiben, weil es ganz einfach wasserscheu ist.

Programm gegen Wasserscheu

Jedes Pferd kann seine Wasserscheu überwinden und sogar Spaß am Wasser finden, wenn man geduldig daran arbeitet. Reiben Sie das Tier zunächst am ganzen Körper mit einem nassen Schwamm ab. Sobald es sich das gefallen lässt, können Sie den nächsten Schritt in Angriff nehmen: Spritzen Sie Hufe und Beine des Pferdes mit einem Wasserschlauch nass. Der Strahl darf allerdings nicht zu stark sein und nur langsam den ganzen Körper des Tieres erfassen. Der Kopf muss beim Abspritzen immer ausgespart bleiben.

In Begleitung lässt sich die Wasserscheu leichter überwinden.

Wenn nun der wasserscheue Geselle allmählich Gefallen am feuchten Element gefunden hat, können Sie versuchen, mit ihm eine größere Pfütze zu durchqueren. Zeigen Sie dem Pferd die Wasserlache vom Boden aus und führen Sie das Tier hindurch.

Geduld gefragt

Es kann – je nach Pferd und Temperament – schon eine Menge Geduld nötig sein, bis man Erfolg hat. Dabei dürfen Sie weder zu streng noch zu nachgiebig sein. Sorgen Sie dafür, dass sich das Pferd immer mit der Pfütze beschäftigt, dass es stets auf das Wasser hinabsieht und es beriecht. Sobald es das Interesse daran verliert, muss es aufgefordert werden, vorwärts zu gehen.

Entweder tritt das Pferd nun in die Pfütze oder senkt seinen Kopf sofort wieder auf das Wasser herab und setzt sich weiter damit auseinander. Diese Prozedur kann länger dauern, möglicherweise sogar zwei oder drei Stunden. Nehmen Sie sich deshalb genügend Zeit – möglichst am Vormittag – damit Sie nicht erfolglos abbrechen müssen, wenn es plötzlich dunkel wird.

Nachdem Sie das Pferd mit dem Element Wasser vertraut gemacht haben, können Sie es nun auch durch einen Bach reiten. Zuvor sollten Sie aber sicherstellen, dass der Untergrund tragfähig ist. Kiesböden sind am besten geeignet, weil der Untergrund in der Regel fest genug ist. Meist ist das Wasser von Bächen glasklar, so dass man bis auf den Boden sehen kann. So lässt sich feststellen, ob im Wasser Glasscherben oder anderer Unrat liegt, an dem sich das Pferd verletzen könnte.

! Beachte:

Das Bewältigen von Geländehindernissen erfordert ein hohes Maß an Vertrauen des Pferdes gegenüber seinem Reiter.

Viele Pferde lernen sehr schnell, dass es Spaß macht, durchs Wasser zu waten, und bald werden sie mit Vergnügen scharren, dass es nur so spritzt. Das Entzücken über das kühle Nass kann so weit gehen, dass sich der Vierbeiner zu einem Vollbad entschließt, deshalb muss man schon aufpassen, damit aus der Bachüberquerung nicht ein ungewollter Badespaß für Ross und Reiter wird.

Begegnung mit anderen Vierbeinern

Bisweilen kommt es vor, dass man auf einem Spazierritt nicht nur mit Hindernissen jeglicher Art konfrontiert wird, sondern auch den unterschiedlichsten Tieren begegnet. Häufig trifft man auf Hunde, die ihre »Herrchen« auf einem Sonntagsspaziergang begleiten. Weit ab vom Straßenverkehr werden die treuen Vierbeiner nur selten an der Leine geführt. Bei der Begegnung mit einem Pferd denkt so mancher Hund nicht im Traum daran, dem Ruf seines Herrchens zu folgen. Neugierde und Jagdtrieb sind häufig stärker und können sehr leicht zu einem ernsthaften Konflikt zwischen Pferd und Hund führen. Normalerweise greifen die wenigsten Hunde ein Pferd tatsächlich an. Meist begnügen sie sich damit, den großen Vierbeiner lautstark anzubellen. Doch bereits dadurch kann ein unsicheres Pferd so verängstigt werden, dass es zu flüchten oder – wenn es keine Ausweichmöglichkeit sieht – auf den Hund auszuschlagen versucht.

Gut erzogene Hunde respektieren das Pferd und bellen es nicht an. Meistens wollen sie lediglich an den Pferdebeinen schnüffeln. Ein vernünftiger Hundebesitzer ruft seinen vierbeinigen Freund aber dennoch zurück, denn er

Gut erzogene Hunde respektieren Pferde.

Beachte:

Seien Sie immer auf unerwartete Begegnungen mit anderen Tieren vorbereitet, die Ihr Pferd erschrecken könnten.

kann ja nicht wissen, wie das Pferd darauf reagiert. Ein einziger Tritt des Pferdes kann genügen, um den Hund in die ewigen Jagdgründe zu befördern. Das Pferd sollte eigentlich so viel Vertrauen haben, dass es nicht gleich nach jedem Tier ausschlägt, das ihm zu nahe kommt. Erst wenn sich Pferde- und Hundebesitzer verständigt haben und keiner von beiden Probleme befürchtet, kann man den Tieren erlauben, nähere Bekanntschaft zu schließen. Aus Gründen der Sicherheit sollten Hund und Pferd dabei an Leine beziehungsweise Zügel gehalten werden.

Die Liste der verschiedenen Tierarten, denen man hoch zu Ross begegnen kann, ist schier endlos. Gänse, Enten oder Puten, Esel, Schafe und Schweine können beispielsweise Ihren Weg kreuzen. Wenn das Pferd an diese Tiere

Auffliegende Vögel können das Pferd erschrecken.

nicht gewöhnt ist, sind sie eine potentielle Gefahrenquelle. Auch herumschleichende Katzen oder aus einem Gebüsch auffliegende Vögel können ein Pferd erschrecken. Auf unerwartete Begegnungen mit Haus- und Wildtieren sollte man deshalb als Reiter immer vorbereitet sein, damit man entsprechend reagieren kann.

Steigungen und Abhänge

Das Geländereiten stellt besondere Anforderungen an das Pferd, wenn es steile Abhänge bewältigen oder Hügel erklimmen muss. Dabei gibt es für Ross und Reiter nichts Schöneres, als über Stock und Stein, Berg und Tal zu reiten. Die Landschaft ist abwechslungsreich, Pferd und Reiter sind gefordert. Der positive Nebeneffekt für das Pferd besteht darin, dass Steigungen und Abhänge Kondition, Muskelkraft und Geschicklichkeit erhöhen.

Sind Sie länger unterwegs, führen Sie das Pferd bei extremen Steigungen, um es zu schonen. Bei kürzeren Ausritten dürfen Sie das Pferd fordern. Allerdings sollten Sie Steigungen und Abhänge nur im Schritt reiten. Wenn es bergauf geht, können Sie den Pferderücken entlasten, indem Sie den Oberkörper leicht nach vorn beugen, der Zügel bleibt dabei locker. Bergab bleiben die Zügel lang, der Oberkörper aufrecht, das heißt senkrecht zur Horizontalen. Es gilt: Je weniger der Reiter auf sein Pferd einwirkt, desto besser. In aller Regel müssen Sie lediglich zur Regulierung der Geschwindigkeit eingreifen.

Abhänge und Steigungen werden im Schritt geritten.

! Merke:

- Abhänge und Steigungen werden ausschließlich im Schritt geritten.
- Beim Bergaufreiten können Sie den Pferderücken entlasten, wenn Sie den Oberkörper nach vorn beugen.
- Beim Bergabreiten sitzt der Reiter auf dem Pferd »wie ein Baum, der am Hang steht«.

Gewöhnung an den Straßenverkehr

Leider ist es in Europa kaum möglich, in unerschlossenem Gelände ohne Bebauung und Verkehr zu reiten. Deshalb sollten schon junge Tiere möglichst schonend an den Straßenverkehr gewöhnt werden. Ausritte an der Seite der wohlerzogenen Mutter sind für ein Fohlen besonders lehrreich. Den Konfrontationen im Straßenverkehr vollkommen aus dem Weg zu gehen, ist nicht unbedingt die beste Lösung. Irgendwann kommt jeder in die Situation, sich mit dem Straßenverkehr auseinandersetzen zu müssen.

Ist ein Pferd an den Straßenverkehr gewöhnt, erschrickt es auch vor Traktoren nicht.

Langsam herantasten

Wenn möglich, sollte das unerfahrene Pferd zunächst auf einer wenig befahrenen Straße langsam an Autos gewöhnt werden. Anfangs sollte es sich dabei immer in Begleitung eines erfahrenen Pferdes befinden, das gibt ihm Sicherheit. Sie können das Pferd auch zunächst einmal im heimatlichen Hof an ein Auto (später dann auch an Traktoren und Motorräder) heranführen. Grenzt die Weide direkt an eine Straße, gewöhnen sich die Tiere sehr schnell an den Verkehr.

Gefahrenquellen

Das Gelände hält immer wieder ganz besondere Überraschungen für Reiter und Pferd bereit. Für die einen bereichern nicht alltägliche Ereignisse den Ausritt. Für andere aber – dies gilt vor allem für unsichere Reiter und noch unerfahrene Pferde – können sie auch eine Gefahr bedeuten. Seien Sie deshalb stets auf unvorhergesehene Hindernisse und Gefahrenquellen gefasst.

Schon kleinste Veränderungen in der Umgebung können ein Pferd verunsichern.

Kleine Veränderungen

Der Reiter ist darauf angewiesen, immer wieder dieselben Wege rund um seinen Reitstall zu benutzen. Dabei stellt sich ein gewisser Gewöhnungseffekt ein. Das Pferd kennt quasi jeden Baum und jedes Haus am Wegesrand.

! Beachte:

Pferde können schon vor Kleinigkeiten erschrecken. Unterstellen Sie dem Pferd kein menschliches Wahrnehmungsvermögen. Lernen Sie, die Umwelt mit den Augen Ihres Pferdes zu betrachten. Dann können Sie auch verstehen, warum es sich beispielsweise plötzlich weigert, an einem Haus vorbeizugehen, vor dem eine Mülltonne auf ihre Entleerung wartet.

Doch schon kleinste Veränderungen, sei es ein umgestürzter Baum oder eine Mülltonne, die zum Entleeren auf die Straße geschoben wurde, können ein sensibles Pferd in Angst und Schrecken versetzen.

Während der Grund für das verschreckte Verhalten hier noch deutlich erkennbar ist, kann es auch Situationen geben, bei denen das Verhalten des Pferdes unverständlich erscheint.

Das Pferd erschrickt beispielsweise aus heiterem Himmel vor einem Busch, einem Baum oder es findet eine Hofeinfahrt aus unerfindlichen Gründen bedrohlich. Die Palette der Reaktionen reicht von bloßem Erschrecken und plötzlichem »Erstarren« bis zur panikartigen Flucht.

Viele Reiter reagieren in solchen Fällen mit Strafen. Sie tadeln das Pferd oder treiben es energisch mit Sporen und Peitsche vorwärts. Vielleicht glauben sie, dass das Pferd ihnen nur etwas vorspielt oder dass es sich um eine Gehorsamsverweigerung des Pferdes handelt.

Auch spielende Kinder können ein Pferd irritieren.

Tatsächlich ist dies nur selten der wahre Grund. Vielmehr verfügt das Pferd über eine hervorragende Beobachtungsgabe, weshalb ihm Veränderungen im gewohnten Umfeld sofort ins Auge fallen. Besonders sensible und vorsichtige Tiere reagieren in einer solchen Situation ängstlich und misstrauisch.

Das Pferd kann sogar verwirrt auf eine neue Straßenmarkierung reagieren oder auf Hüpffiguren, die Kinder für ihre Spiele mit Kreide auf die Straße aufgemalt haben.

Schon eine winzige Kleinigkeit kann ein Pferd irritieren und es zum Scheuen veranlassen. Zwar gibt es auch Vierbeiner, die sich durch fast nichts aus der Ruhe bringen lassen, aber selbst diese »Dickhäuter« können ohne Vorwarnung erschrecken.

! Beachte:

Wenn Ihr Pferd wegen einer geringfügigen Veränderung in seiner Umgebung erschrickt und bockt oder scheut, ignorieren Sie sein Verhalten. Mit der Zeit lernt Ihr Pferd, solche Veränderungen leichter zu tolerieren.

Nicht strafen, sondern ignorieren

Scheut ein Pferd oder bleibt es vor Schreck wie angewurzelt stehen, sind Strafen nicht der richtige Weg, um dem Problem beizukommen. Natürlich ist auch ein Lob nicht angebracht, weil es sich ja um ein unerwünschtes Verhalten handelt. Deshalb ist es in solchen Situationen am besten, die Reaktion des Pferdes einfach zu ignorieren. Man geht dabei quasi mit gutem Beispiel voran. Damit signalisiert man dem Pferd: Ein umgeknickter Baum, Mülltonnen, Kreidestriche oder sonstige geringfügige Veränderungen sind beileibe kein Grund auszurasten. So erkennt es am schnellsten, dass es grundlos überreagiert und wird seine Scheuneigung reduzieren.

Eine souveränes Verhalten des Reiters ist in solchen Fällen besonders wichtig, denn seine Handlungsweise überträgt sich immer auch aufs Pferd: Ein gelassener Reiter kann nervöse Pferde schneller und erfolgreicher beruhigen als ein zappeliger Reiter. Dies macht sich vor allem beim Reiten im Gelände bemerkbar.

Schwierigkeiten mit dem Pferd

Wenn Sie sich mit einem schwierigen Pferd ins Gelände wagen, ist dies immer gefährlicher, als wenn Sie mit einem ruhigen, zuverlässigen Partner ausreiten. Deshalb muss es das Ziel eines jeden Reiters sein, seine eigenen reiterlichen Fähigkeiten zu verbessern und seinem Pferd eine fundierte Ausbildung angedeihen zu lassen.

Wenn Pferde durchgehen

Durchgehende Pferde müssen von einem erfahrenen Reiter korrigiert werden.

Das Durchgehen ist eine der gefährlichsten Untugenden eines Pferdes. Die Ursachen hierfür sind sehr vielfältig, häufig ist aber undiszipliniertes Reiten der Auslöser. Finden Sie den Grund für das Durchgehen. Viele Durchgänger haben Rückenprobleme und versuchen, vor den Schmerzen wegzulaufen. Ein

passender Sattel allein kann hier manchmal schon Abhilfe schaffen. Oft fügen auch der Sitz und die Hilfen des Reiters dem Tier Schmerzen zu. Vielleicht ist das Pferd aber einfach nur schreckhaft: Deshalb scheut es bei jeder Kleinigkeit und versucht, Reißaus zu nehmen. In diesem Fall ist ein fundiertes Desensibilisierungstraining notwendig.

Geht ein Pferd aus reiner Widersetzlichkeit durch, kann es nur mit absoluter Konsequenz korrigiert werden. Das Pferd muss lernen, kontinuierlich auf die Hilfen des Reiters zu reagieren. Selbstständiges Handeln ist nicht erlaubt. Das bedeutet aber nicht, dass es nun unter Zwang geritten wird. Reithalfter, Ausbinder und schärfere Gebisse werden langfristig nie den gewünschten Erfolg bringen. Sie veranlassen das Pferd eher dazu, gegen diese Maßnahmen zu kämpfen. Es muss vielmehr diszipliniertes Verhalten und Gehorsam lernen, das sind die Grundelemente jeder weiterführenden Ausbildung.

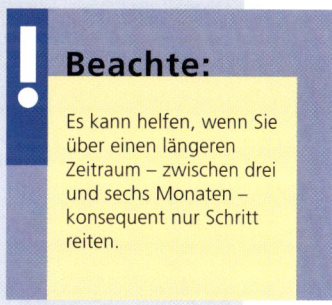

! Beachte:

Es kann helfen, wenn Sie über einen längeren Zeitraum – zwischen drei und sechs Monaten – konsequent nur Schritt reiten.

Wenn Pferde steigen

Die Ursachen für steigende Pferde können dieselben oder ähnliche sein wie beim Durchgänger: Schmerzen, Widersetzlichkeit, Unverständnis oder zu grobe und/oder falsche Hilfen des Reiters. Bei jungen Pferden können auch Temperamentsausbrüche eine Rolle spielen.

Die schlimmsten Steiger sind Pferde, die aus Widersetzlichkeit »in die Luft« gehen. Auslöser dafür sind oft harte Reiterhände und der Wechsel zu einem schärferen Gebiss. Das Pferd versucht, dem Schmerz im Maul zu entgehen – es bleibt ihm dabei nur der Weg nach oben offen.

Pferde, die hinten getrieben und vorn gebremst werden, entwickeln sich schneller zum Steiger als Tiere, die am langen Zügel geritten werden. Der lange Zügel gestattet dem Pferd, sich nach vorn-abwärts zu strecken, und kann dem Steigen vorbeugen.

Die Ursachen für das Steigen können vielfältig sein.

Steigt ein Pferd aus Widersetzlichkeit, hilft energisches Vorwärtsreiten, weil das Steigen aus dem Stand erfolgt und das Pferd erst anhalten muss, bevor es die Vorderbeine in die Luft werfen kann. Außerdem ist es eine sehr gute Methode, das Pferd in einen kleinen Zirkel abzuwenden. Weil sich das Pferd innerhalb einer Volte im ganzen Körper stark biegen muss, kann es nicht steigen. Die beste Korrektur von widersetzlichen Steigern ist es, sie möglichst häufig in gebogenen Linien zu reiten, bis sie die Unart aufgeben.

Wenn Pferde buckeln

Das Buckeln unter dem Reiter ist sehr gefährlich und muß unterbunden werden.

Wenn Pferde zu Bocksprüngen neigen, können die Ursachen mit denen des Steigens und Durchgehens identisch sein. Pferde, die ihren Reiter gezielt abzubuckeln versuchen, gibt es selten. Die Korrektur solcher Pferde ist langwierig

und schwierig, sie sollte nur von einem professionellen Bereiter vorgenommen werden. Buckeln kann ein Pferd nur, wenn es den Kopf tief nimmt und seinen Körper einigermaßen gerade gestellt hat. Sie können das Pferd am besten am Buckeln hindern, wenn Sie nicht zulassen, dass es den Kopf zu tief nimmt. Buckeln darf das Pferd niemals unter dem Sattel, dagegen aber nach Herzenslust im Auslauf oder auf der Weide. Bocksprünge aus Übermut und Freude lockern die Rückenmuskulatur und können durchaus positiv gesehen werden, solange die Bucklerei auf die Weide und den Auslauf beschränkt bleibt.

! Beachte:

Temperament und Charakter eines Pferdes werden häufig als Ursachen für Untugenden wie Kleben, Steigen, Buckeln oder Durchgehen genannt. In den meisten Fällen liegen aber eine falsche Behandlung des Pferdes sowie eine ungenügende Grundausbildung zugrunde.

Wenn Pferde kleben

Unter Klebern versteht man Pferde, die sich nicht gerne von ihren Artgenossen oder dem heimatlichen Stall entfernen. Dieses Problem kann sich so zuspitzen, dass es unmöglich wird, mit einem Kleber allein auszureiten. Der Grund für so ein Verhalten ist meist eine unzureichende Ausbildung.

Klebende Pferde brauchen eine fachkundige Ausbildung.

Als Herdentiere haben Pferde den natürlichen Drang, in der schützenden Nähe ihrer Artgenossen zu bleiben. Weigern sie sich, diesen Schutz zu verlassen, ist das ein Zeichen dafür, dass sie dem Menschen nicht vertrauen.

Häufig entwickeln sich Pferde auch zu Klebern, wenn sie nur zu zweit gehalten werden. Das zweite Pferd ist allein die Herde. Wird ein Tier ausgeritten, muss das andere allein im Stall bleiben. Wenn der Reiter das Vertrauen beider Pferde gewonnen hat und

die zeitlich beschränkte Trennung zur Gewohnheit geworden ist, wird es keine Probleme geben, die beiden Tiere einzeln auszureiten.

Das Umerziehen von Klebern beginnt deshalb mit dem Aufbau von Vertrauen. Kleine Spaziergänge mit dem klebenden Pferd am Führstrick können schon Erfolge bringen. Lässt sich der Kleber aber von seinen Artgenossen oder vom Stall nicht wegführen, müssen Sie versuchen, sein Vertrauen mit Bodenarbeit zu gewinnen. Jeder intensive Umgang mit dem Tier ist dabei wichtig: Auch Putzen oder das Auskratzen der Hufe sind vertrauensbildende Maßnahmen.

Dürfen Sie das Pferd führen – es genügen Spaziergänge von zehn Minuten –, können Sie das Vertrauen vom Sattel aus auf die

Durch gute Ausbildung wird das Kleben der Pferde verhindert.

Probe stellen. Die Reitzeit sollte anfangs 20 Minuten nicht überschreiten, denn wenn die Trennung zu lange dauert, verlieren Sie schnell das mühsam aufgebaute Vertrauen.

Sollte sich das Pferd trotz der geduldigen Vorbereitungsphase weigern, den Stall allein zu verlassen, dürfen Sie es nicht mit der Gerte wegprügeln. Üben

Sie Geduld. Erlauben Sie dem Pferd nach dem Aufsitzen ruhig stehen zu bleiben, gestatten Sie ihm jedoch nicht umzukehren. Das Pferd hat nun die Möglichkeit, an Ort und Stelle bis in alle Ewigkeit zu verharren oder vorwärts zu gehen. Diese Prozedur kann sehr lange dauern, doch irgendwann hat auch die Geduld des Pferdes ein Ende.

Wenn Pferde hektisch sind

Auch hektische Pferde sind ein häufiges Problem, mit dem der Reiter zu kämpfen hat. Wenn ein Pferd im Gelände hektisch wird, kann eine mögliche Ursache in seinem überschäumenden Temperament liegen. Viele Reiter wissen sich dann nicht anders zu helfen, als das Pferd mit dem Zügel zu bremsen. Das Ergebnis ist, dass die Reiter im Zügel hängen und die Pferde im Maul abstumpfen. Das Problem bekommt man mit dieser Maßnahme nur scheinbar und für kurze Zeit in den Griff. In Wirklichkeit verstärkt es sich: Je hektischer das Pferd sich gebärdet, desto stärker wird am Zügel gezogen und desto stärker zieht der Vierbeiner dagegen. Ein Teufelskreis!

Das Problem an der Wurzel packen

Wie bei allen Problemen, so müssen Sie auch hier die Ursache finden und beseitigen. Das Temperament eines Pferdes lässt sich nicht ändern, deshalb muss man den Eigenarten der Tiere so gut es geht entgegenkommen. Das bedeutet nicht, dass das Pferd im Gelände so schnell gehen darf, wie es will. Vielmehr müssen die Gegebenheiten bei der Haltung den Bedürfnissen des Lauftieres besser angepasst werden. Für ein bewegungsfreudiges Pferd, wie beispielsweise den Vollblüter, ist die Boxenhaltung ohne Auslauf völlig unzureichend. Kein Wunder also, wenn das Tier unter dem Reiter Temperamentsausbrüche bekommt.

Für eine fundierte Grundausbildung sorgen

Der Reiter ist in der Regel schon ausreichend beschäftigt, wenn er mit einem Problempferd fertig werden muss. Wenn dann noch Hindernisse im Gelände dazukommen, ist er meist überfordert. Die Bewältigung verschiedener Geländeschwierigkeiten verlangt ein gut ausgebildetes Pferd, damit drohende Gefahren auf einem möglichst niedrigen Level gehalten werden können. Ein schwieriges Pferd stellt bei einer Konfrontation mit Geländehindernissen eine große Gefahr dar.

Packen Sie deshalb ein Problem nach dem anderen an. Sorgen Sie zuerst für eine fundierte Ausbildung des Pferdes, die es auf alle möglichen Gefahren im Gelände vorbereitet. Dazu gehören neben der eigentlichen Grundausbildung, die es zu einem gehorsamen und willigen Partner erzieht, auch die eventuell notwendigen Korrekturmaßnahmen. Wählen Sie während dieser Ausbildungsphase möglichst solche Wege im Gelände, auf denen Sie nicht mit unliebsamen Überraschungen rechnen müssen. Ganz ausschließen kann man dies allerdings nie. Deshalb sind Sie gut beraten, wenn Sie sich mit Ihrem schwierigen Pferd einem Reitkameraden anschließen, dessen Reittier so abgeklärt ist, dass es für das Problempferd einen Schutz darstellt.

Ist es Ihnen gelungen, aus einem schwierigen Pferd einen zuverlässigen Freizeitpartner zu machen, bedeutet dies nicht das Ende der Ausbildung. Im Gegenteil – sie nimmt jetzt eigentlich erst ihren Anfang.

! Beachte:

Überlassen Sie die Korrektur von Problempferden einem erfahrenen Reiter. Er muss in die Seele des Pferdes blicken können – nur so kann er ein Verständnis zwischen Mensch und Tier herbeiführen und gefährliche Situationen durch seine Erfahrung kompensieren.

Weiterführende Ausbildung

Obwohl das Reiten im Gelände für Reiter und Pferd immer erholsam sein sollte, muss das Pferd dabei ständig weiter ausgebildet werden, damit es in jeder Situation im Gelände sicher kontrolliert werden kannn. Die »Grundschule« des Geländepferdes beinhaltet das Scheutraining (Gewöhnung an raschelnde und scheppernde Gegenstände), die sichere und vorsichtige Überwindung verschiedenster Geländehindernisse (zum Beispiel von Holzbrücken oder Abhängen) sowie die Kontrollierbarkeit des Pferdes durch den Reiter.

Scheutraining.

Es ist für ein Geländepferd also bereits ein hohes Ausbildungsmaß notwendig, damit ein sicheres Reiten in der Natur gewährleistet ist.

Ein Pferd ist dann unter Kontrolle, wenn es den Hilfen des Reiters willig und sensibel folgt. Dies ist das erste Ziel jeder höheren Ausbildung. Wer mehr erreichen will, als das Pferd »nur« sicher im Gelände reiten zu können, muss hier ansetzen.

Die weiterführende Ausbildung muss nicht unbedingt auf dem Reitplatz erfolgen, die meisten Übungen können sehr gut in einen Ausritt eingeflochten werden.

Dies erhöht die Aufmerksamkeit des Pferdes und gestaltet einen Ausritt stets abwechslungsreich. Außerdem ist der Lernerfolg größer als in der Monotonie einer Reithalle oder eines Reitplatzes. Die Pferde sind bei einem Ausritt ins Gelände gehfreudig, arbeitswillig und lernen, sich auf den Reiter zu konzentrieren.

Beim Überreiten der Plane sind Vertrauen und Gehorsam gefordert.

Absoluter Gehorsam des Pferdes ist die Basis für eine perfekte Zusammenarbeit von Reiter und Pferd. Nur wenn das Pferd dem Reiter gehorcht, kann es seine Hilfen annehmen und umsetzen.

Bei allen Pferden beginnt man das Gehorsamkeitstraining zunächst vom Boden aus. Dabei wird das Pferd an der Hand geführt, wobei es allerlei Aufgaben und Übungen absolvieren muss. Dieses Training können Sie auf einem Reitplatz, aber auch im Gelände durchführen. Eine Übung, die zugleich das Vertrauen fördert und die Schreckhaftigkeit vermindert, kann das Übertreten einer Plane sein. Das Rückwärtsrichten sowie das konsequente Anhalten schulen neben dem Gehorsam auch die Geschicklichkeit und fordern den Hinterhandeinsatz.

Ein geschmeidiges, durchlässiges Pferd ist für jede Art des Reitsports von elementarer Bedeutung. Die Übungen zur Gymnastizierung bestehen im Allgemeinen aus Biegungen. Derartige gymnastizierende Übungen müssen aber keineswegs auf den Reitplatz verbannt werden, sie können genauso gut und erfolgreich im Gelände trainiert werden.

Gymnastizierende Übungen

Weitere gymnastizierende Übungen sind beispielsweise Volten, die man auf einem breiten Weg in einen Ausritt einflechten kann. Möglich sind Schlangenlinien von einem Wegrand zum anderen oder Wendungen, bei denen das Pferd auf dem Weg gewendet und ein Stück zurückgeritten wird.

Weitere Möglichkeiten der Gymnastizierung sind Ein- und Auswärtsstellung sowie Seitengänge. Bei Übungen wie »Schulter herein« oder Ein- und Auswärtsstellung kann dem Reiter ein Waldrand, ein Maisfeld oder ein Zaun als Bandenersatz dienen.

Gymnastizierende Übungen im Gelände.

Zur guten Grundausbildung und Gymnastizierung gehört es unter anderem, dass der Reiter sein Pferd bewusst im Rechts- oder Linksgalopp reiten kann. Überlässt er dem Pferd die Art des Galopps, wird es noch einseitiger. Um dies zu vermeiden, empfehlen sich im Vorfeld gymnastische Übungen in Form von Wendungen und das intensive Training für den Schenkelgehorsam. Das sind Seitengänge, in denen das Pferd lernt, dem seitwärts treibenden Schenkel zu weichen.

Längere Geländeritte

Unter längeren Geländeritten versteht man eine Reitzeit von mindestens drei Stunden. Dies setzt bei Pferd und Reiter eine entsprechende Kondition voraus. Viele Reiter kommen erst bei längeren Ritten mental zur Ruhe. Die Entspannung des Reiters überträgt sich in der Regel auch auf das Pferd und hat darum nur positive Auswirkungen auf die Harmonie zwischen Reiter und Pferd. Je länger man sich mit seinem Pferd beschäftigt, desto enger wird die Beziehung zwischen Tier und Reiter. Nehmen Sie sich deshalb ab und zu Zeit für einen längeren Ausritt, bei dem entspanntes Reiten in der Natur und die Intensivierung der Beziehung von Reiter und Pferd im Vordergrund stehen.

Mehrtägige Wanderritte bedürfen einer guten Vorbereitung.

Ein Tagesritt oder mehrtägige Ritte bedürfen einer guten Vorbereitung. Stellen Sie zunächst sicher, dass das Pferd den Anforderungen eines längeren

Wanderrittes konditionell gewachsen ist. Je länger der Ritt dauern soll, desto länger wird auch die Ausrüstungsliste, weil Versorgung und Pflege von Pferd und Reiter auch unterwegs sichergestellt sein müssen. Je nach Teilnehmerzahl, Rittlänge und Streckenwahl kann die Ausrüstung stark variieren. Einige Dinge sollten grundsätzlich auf einem längeren Ritt im Gepäck sein, andere sind im Notfall wichtig, und manches kann sich als reiner Luxus erweisen.

Auf das Notwendigste beschränken

Beschränken Sie sich in jedem Fall auf das Notwendigste, schließlich muss das Pferd das ganze Gepäck schleppen. Je geringer das Gewicht, desto besser für das Pferd. Das Gesamtgewicht (Sattelzeug, Reiter und Bepackung), das man einem Pferd während eines längeren Rittes auflädt, sollte ein Fünftel des Pferdegewichts nicht überschreiten. Ist ein Pferd 400 Kilogramm schwer, kann man es mit bis zu 80 Kilogramm beladen. Natürlich ist dies nur eine ungefähre Richtlinie, weil die gesamte Konstitution und Kondition des Pferdes, aber auch die Reitweise eine nicht unerhebliche Rolle spielen.

Achten Sie bei der Bepackung des Pferdes darauf, dass der Sattel gut passt (um Druckstellen zu vermeiden), und wählen Sie eine ausreichend dicke Unterlage. Die Unterlage muss an den Seiten so weit herabreichen, dass sowohl Sattel als auch Bepackung nicht auf dem Pferdefell aufliegen.

Die tägliche Reitstrecke sollte nicht mehr als 30 Kilometer betragen, denn Sie müssen auch Umwege einkalkulieren, und da kommen schnell noch zusätzlich zehn Kilometer zusammen. Selbst dem besten Kartenleser kann es nämlich einmal passieren, dass er aus Versehen einen falschen Weg einschlägt, und manchmal sind auch die Karten nicht mehr ganz aktuell. Da bei Tages- und Wanderritten die Gangart zu 90 Prozent auf den Schritt beschränkt ist, rechnet man mit einer Leistung von etwa fünf Kilometern in der Stunde.

 **Beachte:**

Achten Sie bei der Bepackung darauf, dass Sie dem Pferd nicht mehr als ein Fünftel seines eigenen Körpergewichts aufbürden.
Die Last darf nicht auf dem Pferdefell aufliegen, dehalb muss die Unterlage unter dem Sattel groß genug sein. Prüfen Sie in jedem Fall, ob der Sattel perfekt sitzt, damit das Pferd keine Druck- oder Scheuerstellen bekommt.

Auf einen Blick

Voraussetzungen für einen sicheren Geländeritt

- Gute Ausbildung von Reiter und Pferd
- Beachten der Sicherheitsausrüstung
- Ruhiges und vorausschauendes Reiten
- Beachten der Regeln (Reitrecht, Verkehrszeichen, Hinweisschilder)
- Ritt in der Gruppe
- Führung der Gruppe durch einen kompetenten Führer (ausgebildeter Reitlehrer, Trainer oder Berittführer)
- Diszipliniertes Verhalten und Verantwortungsbewusstsein
- Beleuchtung und Reflexgamaschen/-westen bei Nacht, Nebel und allgemein schlechter Sicht

So sieht eine sichere Reitausrüstung aus

- Bruch- und splittersichere Reitkappe (oder ein Reithelm) mit Dreipunkt- oder Vierpunkt-Befestigung
- Reitstiefel mit Absatz und rutschsicherer Sohle
- Bequeme, aber nicht zu weite Reithose, bevorzugt mit Lederbesatz
- Jacken und Pullover dürfen nicht zu weit sein, weil man damit sonst am Sattelzeug hängen bleiben könnte
- Eventuell Handschuhe

! Top-Tipp:

Eine sichere Ausrüstung und ein umsichtiger Umgang mit ihr können Unfälle vermeiden helfen! Eine Untersuchung hat ergeben, dass zwei Drittel aller Unfälle mit Pferden vermeidbar gewesen wären, wenn die beteiligten Personen auf mehr Sicherheit geachtet hätten.

Checkliste: Sind Sie fit fürs Gelände?

Wenn Sie alle Fragen mit Ja beantworten können, sind Sie für den Ritt ins Gelände richtig vorbereitet.   Ja/Nein

- Beherrsche ich mein Pferd sicher in den Gangarten Schritt, Trab und Galopp? ☐ ☐
- Kann ich mein Pferd ohne Schwierigkeiten rückwärts richten? ☐ ☐
- Sind Sattel und Zaumzeug korrekt angepasst und auf brüchige Stellen untersucht? ☐ ☐
- Ist meine Kleidung sicher? (Reithelm, Stiefel mit Absatz usw.) ☐ ☐
- Ist mein Sitz so sicher, dass ich bei einem Satz des Pferdes nicht aus dem Sattel falle? ☐ ☐
- Kenne ich das für mein Ausreitgebiet gültige Reitrecht? ☐ ☐
- Habe ich einen erfahrenen Reitkameraden, der mich auf dem Ausritt begleitet? ☐ ☐
- Habe ich am Stall eine Nachricht hinterlassen, wohin ich reite und wie lange ich ungefähr unterwegs sein werde? ☐ ☐
- Habe ich mich vergewissert, dass für die Dauer des Ausrittes das Wetter stabil bleibt? ☐ ☐

Checkliste: Ist Ihr Pferd fit fürs Gelände?

Müssen Sie auch nur eine Frage mit Nein beantworten, sollte das Pferd von einem erfahrenen Reiter weiter ausgebildet werden.   Ja/Nein

- Wurde das Pferd von einem erfahrenen Reiter im Gelände ausgebildet? ☐ ☐
- Hat das Pferd bereits genügend Erfahrung im Gelände gesammelt? ☐ ☐
- Ist das Pferd alt genug – das heißt mindestens etwa sechs Jahre alt? ☐ ☐
- Ist das Pferd an den Straßenverkehr gewöhnt? ☐ ☐
- Hat es das Gewöhnungstraining absolviert? ☐ ☐
- Kennt es alle Reiterhilfen? ☐ ☐
- Lässt es sich in allen drei Grundgangarten gut kontrollieren? ☐ ☐
- Kann es (im Notfall) auch sicher allein im Gelände geritten werden? ☐ ☐
- Kann das Pferd im Gelände problemlos von anderen Pferden weggeritten werden? ☐ ☐
- Ist es frei von Untugenden (Kleben, Durchgehen, Steigen usw.)? ☐ ☐
- Ist das Pferd gesund? Wurde es vor dem Ritt auf eventuelle Krankheiten (Allgemeinbefinden) und Verletzungen wie Lahmheiten usw. untersucht? ☐ ☐

So verhalten Sie sich fair und freundlich

- Niemals querfeldein reiten, weder über ein Feld noch im Wald
- Fußgänger und Radfahrer stets freundlich grüßen
- Immer im Schritt an anderen Verkehrsteilnehmern vorbeireiten
- Die Gangart der Wegbeschaffenheit anpassen
- Pferdeäpfel mit dem Stiefel von der Straße in den Rinnstein oder in den Graben schieben, gegebenenfalls (in Stallnähe) später mit Schubkarren oder Eimer wegräumen
- Aufklärende Gespräche zwischen Landwirten, Jägern und Förstern führen
- Faires Verhalten auch gegenüber dem Pferd an den Tag legen
- Pferde niemals verprügeln oder bis zur Erschöpfung galoppieren
- Setzen Sie sich aktiv für den Schutz von Wildtieren und der Natur ein

Einige Tipps für das Geländetraining

- Dem Kleben vorbeugen: Vom Stall zügig wegreiten, langsam zurückkommen
- Die ersten und die letzten zehn Minuten immer im Schritt reiten
- Typische Galoppstrecken jedes zweite Mal im Schritt reiten
- Immer wieder stillstehen – anfangs einige Sekunden, dann bis zu einer Minute
- Rückwärtsrichten und Seitengänge einbauen
- An Abzweigungen zum Heimatstall vorbeireiten, dann mit einer Hinterhandwendung umkehren und abbiegen
- Große Pfützen zum Wassertraining nutzen
- Abhänge und Steigungen im Schritt bewältigen (gibt Kraft, fördert die Versammlung und stärkt den Rücken)
- Sich während des Rittes öfter mal von der Gruppe trennen
- Keine Wettrennen veranstalten, sondern immer ein ruhiges und kontrolliertes Grundtempo einschlagen.

Eine sichere Ausrüstung kann schlimme Verletzungen verhindern helfen.

Checkliste: Was Sie für einen Wanderritt brauchen

- Regenschutz (Poncho, Regenanzug, Chaps, Regenmantel)
- Kleidung (zum Wechseln: T-Shirt, Pullover, Jacke, Unterwäsche, leichte Schuhe)
- Beschlagswerkzeug (Hufeisen, Hufnägel, Hammer, Raspel, Zange)
- Taschenmesser
- kleine Taschenlampe (mit frischen Batterien)
- Lederschnüre, Karabinerhaken
- Notizblock und Kugelschreiber (Telefonnummer von Schmied und Tierarzt notieren)
- Geld, Ausweispapiere und Telefonkarte
- Feldflasche, Proviant (kein weiches Obst)
- Putzzeug (Striegel, Bürste und Hufkratzer)
- Halfter und Führstrick (bleibt während des Ritts am Pferdekopf)
- Topografische Karten (Maßstab 1 : 50 000 und 1 : 25 000), evtl. Kompass
- Längeres Anbindeseil (ca. zehn Meter, z.B. Lasso)
- Toilettenartikel (Zahnbürste, Zahnpasta, Seife, Creme, Deo, Sonnenschutz)
- Schlafsack (eventuell mit Isomatte)
- Persönliche Medikamente
- Notfallapotheke für Reiter und Pferd (Desinfektionsmittel, Mullbinden, Pflaster, Bandagen, Verbandsschere, Wundsalbe, Sportsalbe, Klebeband, Dreieckstücher, Isodecken).

Geländereiten macht viel Spaß, wenn alle Voraussetzungen erfüllt sind.

Die Deutsche Bibliothek –
CIP-Einheitsaufnahme

Ein Titeldatensatz für diese Publikation ist bei Der Deutschen Bibliothek erhältlich

Bildnachweis
Renate Ettl: Seiten 1, 2/3, 6, 9, 10, 11, 13, 14, 15, 18, 20, 22, 24, 25, 30, 33,
35, 36, 37, 38, 39, 41, 44, 55, 56, 57, 58, 60, 63
Lothar Lenz: Seiten 7, 12, 19
Maximilian Schreiner: Seite 16 links
Irene Hohe: Seiten 16 rechts, 17
Renate Hogrebe: Seite 23
Werner Ernst: Seite 52
Julia Rau: Seite 62
Illustrationen: Susanne Retsch-Amschler
Umschlagfotos: Titelfotos: rechts oben: Lothar Lenz
                            Mitte oben: Renate Ettl
                            links oben: Erwin Escher
                            unten: Christiane Slawik
                Rückseite: rechts: Irene Hohe
                            Mitte: Lothar Lenz
                            links: Lothar Lenz

Umschlaggestaltung: Studio Schübel, München
Layout: Parzhuber & Partner, München
Redaktion: Renate Hausdorf
Satz und Herstellung: Renate Hausdorf
Lektorat: Claudia Daiber

BLV Verlagsgesellschaft mbH München Wien Zürich
80797 München

© 2000 BLV Verlagsgesellschaft mbH, München

Gesamtherstellung: Appl, Wemding

Printed in Germany · ISBN 3-405-15883-4